AF290085

DÉVELOPPER SON INTELLIGENCE ÉMOTIONNELLE

Conseils pour mettre ses émotions à contribution

Par Maïlys Charlier

50MINUTES.fr

DÉVELOPPER SON INTELLIGENCE ÉMOTIONNELLE

- **Problématique ?** Comment apprendre à gérer au mieux ses émotions afin de maximiser son potentiel et ses chances de réussite ?
- **Utilité ?** Une intelligence émotionnelle élevée conduirait plus sûrement à la réussite que des capacités intellectuelles hors normes.
- **Contexte professionnel** ? Travail d'équipe, management d'une équipe, entretien d'embauche.
- **FAQ ?**
  - Quel impact le stress peut-il avoir sur mes émotions et comment le gérer ?
  - Pourquoi l'empathie est-elle l'un des éléments essentiels au développement du QE ?
  - Quelles sont les compétences qui me permettront d'évoluer au sein de l'entreprise ?
  - Comment tirer parti d'une émotion forte comme la colère ?

- Comment émettre une critique constructive sur le travail d'un collaborateur ?
- Comment utiliser mes émotions pour m'auto-motiver ?

> « Dans mon précédent travail, je ne me sentais pas respectée et j'ai laissé la situation s'envenimer. Je n'ai rien dit jusqu'au jour où ma supérieure hiérarchique a été trop loin alors que je tenais son stand lors d'un événement, et j'ai explosé. J'ai été désagréable et j'ai hurlé sur ma supérieure devant des clients. Elle m'avait tellement poussé à bout pendant des semaines qu'à ce moment-là, je n'ai plus pu me retenir et je lui ai dit tout ce que je pensais. Deux jours plus tard, je recevais mon C4. »
> Rachel, assistante administrative dans une ASBL

En 1996, la notion d'« intelligence émotionnelle » (IE) est popularisée par l'ouvrage éponyme du psychologue américain Daniel Goleman (né en 1946). Il y distingue deux formes d'intelligence : rationnelle et émotionnelle, mesurées respectivement en quotient intellectuel (QI) et quotient émotionnel (QE).

Selon Goleman, l'intelligence émotionnelle est « la capacité [...] à identifier, accéder et contrôler ses émotions, celles des autres et d'un groupe ». Le QE mesure donc les facultés d'un individu à exploiter ses aptitudes personnelles (empathie, confiance, motivation, etc.) et ses compétences sociales (communication, relationnel, etc.).

Pour le psychologue américain, quotient émotionnel et quotient intellectuel ne sont pas incompatibles : ils sont simplement deux moyens différents de mesurer l'intelligence globale d'un individu. Tout comme pour le quotient intellectuel, sa théorie part du principe que nous sommes nés avec un quotient émotionnel donné, avec certaines qualités et propensions émotionnelles inscrites dans notre patrimoine génétique. Nous ne sommes donc pas tous égaux face à l'intelligence émotionnelle. Mais s'il est plus difficile de faire grimper son QI, il existe plusieurs méthodes pour augmenter son QE. Ces méthodes aident non seulement à prendre conscience de ses propres émotions et à les maîtriser, mais également à déchiffrer celles des autres et à agir en conséquence. Devenir émotionnellement intelligent est donc à la portée de tous.

Aujourd'hui, de nombreuses personnes considèrent que le QE est tout aussi important que le QI, notamment dans le cadre professionnel. En effet, Goleman ajoute que l'intelligence émotionnelle consiste à « gérer ses sentiments de manière à les exprimer de façon appropriée et efficace afin de permettre aux autres de collaborer harmonieusement aux objectifs communs ». Dès lors, plus on serait apte à gérer ses émotions (stress, tristesse, colère, intuition, etc.), mieux on interagirait avec autrui. Un chef d'équipe capable d'une grande empathie sera probablement en mesure de réduire le stress de ses employés tout en leur insufflant de l'énergie : en faisant bon usage de ses émotions, il maximise son potentiel de leader. De même, une personne ayant un quotient émotionnel élevé aura plus de facilité à travailler en équipe. Toujours selon Goleman, « l'intelligence émotionnelle ne s'ajoute pas aux capacités intellectuelles, mais elle les multiplie : elle constitue le facteur invisible, mais déterminant, de la performance d'exception ».

Dès lors, comment apprendre à mieux contrôler ses émotions afin de maximiser son potentiel et ses chances de réussite ? Comment mesure-t-on ce quotient émotionnel ?

B.A.-BA DE L'INTELLIGENCE ÉMOTIONNELLE

QU'EST-CE QUE L'INTELLIGENCE ÉMOTIONNELLE ?

Genèse et définitions

En 1983, Howard Gardner propose sa théorie des intelligences multiples. Parmi celles-ci, le psychologue américain distingue une forme d'intelligence « liée aux relations avec les autres ». Cette intelligence interpersonnelle – ou sociale – « permet à l'individu d'agir et de réagir avec les autres de façon correcte. [...] Elle permet l'empathie, la coopération, la tolérance. [...] Cette forme d'intelligence permet de résoudre des problèmes liés aux relations avec les autres ; [...] Elle est caractéristique des leaders et des organisateurs. »

Mais l'intelligence émotionnelle est véritablement définie pour la première fois suite aux études de Peter Salovey (né en 1958) et John D. Mayer (né en 1953) au début des années quatre-vingt-dix. Dans leurs travaux, les deux psychologues américains définissent l'IE comme « une forme d'intelligence qui suppose la capacité à contrôler ses sentiments et émotions et ceux des autres, à faire la distinction entre eux et à utiliser cette information pour orienter ses pensées et ses gestes ».

S'inspirant des recherches de ces derniers, Daniel Goleman, docteur en psychologie clinique et développement personnel, introduit la notion au grand public dans son livre *L'intelligence émotionnelle* (1996). Dans cet ouvrage, le psychologue définit l'IE comme « la capacité [...] à identifier, accéder et contrôler ses émotions, celles des autres et d'un groupe ». Cette définition est parachevée l'année suivante par Salovey et Mayer, qui décrivent l'IE comme « l'habileté à percevoir et à exprimer les émotions, à les intégrer pour faciliter la pensée, à comprendre et à raisonner avec les émotions, ainsi qu'à réguler les émotions chez soi et chez les autres ». L'expression

« quotient émotionnel » émerge quant à elle à la fin des années quatre-vingt-dix, avec les travaux de Reuven Bar-On (né en 1944) qui fut le premier à mesurer ce type d'intelligence. Celui-ci centre sa réflexion sur la notion du potentiel de rendement et de succès, en se focalisant sur différentes capacités émotionnelles et sociales : la conscience de soi, la bonne compréhension et expression, la conscience des autres, la gestion de ses émotions fortes, la bonne résolution des conflits et la capacité d'adaptation. Il définit alors l'intelligence émotionnelle comme suit : « L'intelligence décrit l'agrégation d'habilités, de capacités et de compétences [...]. L'adjectif émotionnel est employé pour mettre en relief que ce type spécifique d'intelligence diffère de l'intelligence cognitive. » Pour Bar-On, l'intelligence émotionnelle est susceptible d'être améliorée grâce aux formations et à la thérapie.

Le *Bar-On EQ-i*

Bar-On met en place le premier test de QE, le *Bar-On EQ-i*, en 1997. Celui-ci consiste à répondre à 133 affirmations (« Dans ma vie quotidienne, mes émotions me gênent souvent », « Je repère facilement si l'on est en train de me mentir », « Si j'ai un problème avec quelqu'un, je peux facilement lui en parler », etc.) liées à des situations de vie en général. Le candidat doit y répondre via une échelle allant de 1 à 5. Une fois le questionnaire terminé, l'ordinateur est en mesure de calculer le QE du candidat en se basant sur cinq points :

- intrapersonnel ;
- interpersonnel ;
- adaptabilité ;
- gestion du stress ;
- et humeur générale.

Chacun de ces points comporte quinze composantes telles que l'affirmation de soi, la tolérance au stress, ou encore le contrôle de ses impulsions.

Au niveau professionnel

Plus tard, Daniel Goleman développera le concept de quotient émotionnel en le transposant dans le cadre professionnel et dans l'environnement éducatif. Pour le psychologue américain, l'intelligence émotionnelle « favorise la réussite professionnelle et privée ». Il ajoute encore que l'IE permet aux enfants d'être moins agressifs et, plus tard, de prendre les bonnes décisions. Dans son ouvrage *L'intelligence émotionnelle au travail*, il amène le concept de « leadership de résonance », qu'il définit comme « la capacité à mettre ses équipes sur la même longueur d'onde émotionnelle et à les faire vibrer à l'unisson de son optimisme et de son enthousiasme [...] par opposition au leadership de dissonance qui produit un environnement émotionnellement toxique [...] ».

INTELLIGENCE ÉMOTIONNELLE ET LEADERSHIP

Qu'est-ce qu'un bon leader ? Pour incarner un leadership efficace, il faut savoir motiver son équipe et susciter des émotions positives chez ses employés. Un bon leader parvient à faire sortir le meilleur de ses employés. Il est capable de voir leurs qualités et d'agir pour les mettre en avant. Une bonne maîtrise de son stress est capitale pour le leader, afin de n'envoyer aucun signal négatif à son équipe qu'il réunira autour d'un objectif commun en anticipant tout conflit. Développer son intelligence émotionnelle est donc un des points importants à travailler pour qui désire gagner en leadership.

Pour Goleman, une bonne intelligence émotionnelle dans le milieu professionnel se traduit par une conscience de soi élevée et une bonne gestion de soi, mais également par une forte conscience des autres et une bonne gestion de ses relations sociales. Établissant un lien direct avec la neurologie, le psychologue soutient que les humeurs et les actions d'un chef d'équipe ont un impact – positif ou négatif – sur ses employés. Autrement dit, lorsqu'un individu envoie des signaux, ceux-ci peuvent modifier le taux d'hormones, le rythme cardiaque et même, dans certains cas, l'immunité d'un autre individu. C'est ce qu'il appelle la « régulation limbique interpersonnelle ».

Le neuroscientifique Elkhonon Goldberg (né en 1946) va encore plus loin dans ses travaux du début des années 2000. Celui-ci différencie l'hémisphère droit, qui sert à apprendre, à innover, à explorer, de l'hémisphère gauche, qui sert à emmagasiner la connaissance, à mémoriser, à analyser. Pour la gestion des émotions, les deux hémisphères ont également des rôles différents, à savoir la gestion des émotions positives pour l'hémisphère gauche et la gestion des émotions négatives pour l'hémisphère droit. Goldberg en arrive donc à la conclusion que si un individu est chargé d'émotions négatives, il n'aura pas l'opportunité d'être créatif, innovant, son hémisphère droit étant déjà trop sollicité. D'où l'importance de pouvoir gérer ses émotions, au niveau professionnel particulièrement.

Intérêt de ces théories

Si ces différentes théories comportent quelques variantes, elles s'accordent sur un point majeur : l'intelligence émotionnelle peut être développée, notamment, au travers de formations et séances de coaching.

Par ailleurs, ce qu'elles ont surtout mis en avant, c'est que toutes les réussites ne sont pas attribuées à l'unique quotient intellectuel. En effet, deux personnes au QI de même niveau sont pourtant peu susceptibles d'accomplir un parcours scolaire et une réussite professionnelle équivalents, et cette différence est manifestement due au quotient émotionnel. Déjà en 1944, le psychologue David Wechsler (1896-1981) énonçait que des « individus aux QI similaires pouvaient différer fortement dans leur capacité à maîtriser leur environnement ». Pour Daniel Goleman, le QE est ainsi un meilleur indicateur du succès académique et professionnel que le QI. Mais la notion de quotient intellectuel étant très vaste – on parle d'intelligence économique, d'intelligence mathématique, etc. –, on peut imaginer que la notion d'intelligence émotionnelle va évoluer et qu'il reste encore beaucoup à découvrir à ce sujet.

Les différents modèles

Le concept d'intelligence émotionnelle étant relativement nouveau, différents modèles du fonctionnement de l'IE sont en compétition.

- **Pour Salovey et Mayer, l'intelligence émotionnelle n'est pas uniquement mesurable par les émotions mais également par les cognitions** (qui sont basées sur l'apprentissage et la mémoire). Une partie de notre QE vient donc de l'expérience, qui permet de réagir et de percevoir les émotions sans les comprendre. Cette dimension est de l'ordre du réflexe.
- **Chez Daniel Goleman, les émotions sont en interaction avec les motivations** (dirigées par les besoins de survie et de reproduction). Le psychologue développe quatre concepts : la conscience de soi, la maîtrise de soi, la conscience sociale et la gestion des relations. C'est sur ce dernier modèle que nous nous pencherons plus avant dans la suite du texte.
- **Le modèle de Reuven Bar-On est basé sur la notion de capacités émotionnelles et sociales.** Pour Bar-On, l'intelligence émotionnelle allie habilités, capacités et compétences, qui peuvent se développer par la formation

et la thérapie. Reuven Bar-On distingue cinq composantes à l'intelligence émotionnelle : l'intrapersonnel, l'interpersonnel, l'adaptabilité, la gestion du stress et l'humeur générale.

IDENTIFIER SES COMPÉTENCES ÉMOTIONNELLES

La première étape à franchir, pour qui désire développer son QE, consiste à identifier ses compétences émotionnelles et apprendre à identifier celles des autres. Ensuite, un véritable travail sur soi permet d'agir sur ses émotions (confiance, empathie, optimisme, etc.) dans le but d'améliorer ses rapports avec autrui. Il est donc primordial, dans un premier temps, de mettre le doigt sur les émotions négatives qui nous envahissent régulièrement (colère, jalousie, frustration, envie, angoisses, etc.) avant d'utiliser cette connaissance pour travailler sur ses compétences.

Pour y parvenir, il faut prendre conscience qu'une émotion est créée en réponse à un changement entre l'individu et son environnement. Ainsi, la colère peut être une réaction à une injustice ou une agression, tandis que la peur répond au danger, et ainsi de suite. Ces émotions conduisent à différents comportements, tels que la fuite, l'agression, ou le renfermement sur soi. Un quotient émotionnel élevé vous permettra donc d'être plus sociable, de mieux comprendre l'autre, etc. : une habilité qui peut mener à de grandes carrières comme à une vie privée stable et épanouie.

La liste des compétences émotionnelles que nous possédons ou qui sont à notre portée est longue et évolue en fonction de chaque individu. Cependant, certaines d'entre elles sont fondamentales pour obtenir un quotient émotionnel élevé. Chaque compétence ou émotion est ici répartie en quatre catégories, selon le modèle de Goleman : la conscience de soi, qui permet de mieux se connaître ; la gestion de soi, qui permet de gérer au mieux toute situation professionnelle ; la conscience des autres, qui permet de connaître l'autre et ses émotions ; et enfin, la gestion relationnelle, qui permet d'influer et de maîtriser les émotions des autres.

Conscience de soi

- **Confiance en soi** : la confiance en soi va de pair avec la décontraction. Face à quelqu'un de confiant, l'autre se sent rassuré. De plus, lorsque quelqu'un a pleinement confiance en lui, il ne recule devant aucune difficulté, rien ne lui semble insurmontable.
- **Conscience de ses émotions :** il s'agit d'identifier et de comprendre ses propres émotions. La conscience de ses émotions facilite la connaissance de ses points forts et de ses points faibles, et donc celle de ses propres limites. Intuitivement, l'individu adoptera le geste adéquat pour obtenir de meilleures performances professionnelles.
- **Autoévaluation** : bien s'autoévaluer permet de prendre du recul par rapport à ses forces et à ses faiblesses. Cette capacité à relativiser entraîne généralement une volonté de s'améliorer dans les domaines où l'on se révèle plus faible. Cela permet aussi d'accepter plus facilement la critique.
- **Autorégulation** : la capacité à s'autoréguler consiste à ne pas céder à ses pulsions et à maintenir un équilibre intérieur. Cette notion

implique également qu'il faut apprendre à se relaxer et à mieux s'organiser.

- **Intuitif :** l'intuition permet d'anticiper et d'éviter de nombreuses situations conflictuelles, ainsi que de percevoir le moment opportun à une discussion ou une action.

Gestion de soi

- **Contrôle des impulsions** : cette capacité facilite l'adaptation de son comportement en fonction des situations.
- **Maîtrise de soi** : une bonne maîtrise de soi permet de conserver son sang-froid dans n'importe quelle situation.
- **Estime de soi** : l'image que l'on se fait de soi influence naturellement la manière dont les autres nous perçoivent. Il est donc crucial d'avoir une bonne estime de soi.
- **Adaptation** : une grande capacité d'adaptation permet d'être efficace dans tout type de situation et de pouvoir gérer plusieurs tâches sans perdre de vue les objectifs premiers.
- **Motivation** : quelqu'un de motivé sera plus à même de prendre des initiatives, de persévérer et de se montrer efficace.
- **Persévérance** : l'individu persévérant fera

tout pour atteindre ses objectifs, et est donc plus susceptible qu'un autre de réellement les atteindre.

- **Tolérance au stress :** si le corps est stressé, il envoie des signaux de stress aux autres, qui risquent de s'en imprégner eux-mêmes. De plus, le stress nous fait consommer beaucoup d'énergie.
- **Optimisme :** une personne optimiste aura un impact positif sur la motivation de son interlocuteur et n'abandonnera pas, même en cas d'échec.
- **Flexibilité :** être flexible est une compétence primordiale pour pouvoir s'adapter tant aux nouveaux challenges qu'aux changements au sein de l'entreprise.
- **Esprit d'initiative :** un individu doté d'un bon esprit d'initiative pourra apporter une énergie positive aux autres et être moteur de nouvelles idées. Cette capacité pousse à saisir – voire provoque – les nouvelles opportunités.

Conscience des autres

- **Empathie :** l'empathie aide à se mettre au diapason de ses interlocuteurs, à être à leur écoute et à décoder les non-dits. L'individu empathique aura une grande capacité d'écoute et de compréhension de l'autre.

- **Assertivité** : l'assertivité, c'est l'art de savoir critiquer et accepter les critiques, de savoir dire non, de rester honnête et fidèle à soi-même. Quelqu'un d'assertif aura plus de facilités à faire passer un message à l'autre, même si celui-ci est négatif.
- **Ouverture d'esprit** : être ouvert d'esprit, c'est être aimable et adopter une attitude positive quant aux idées amenées par les autres.

Gestion relationnelle

- **Relationnel** : s'entendre avec les autres, les influencer et communiquer avec eux.
- **Résolution des problèmes** : quelqu'un qui a la capacité de résoudre les problèmes encouragera le dialogue et la négociation. Il mettra tout en œuvre pour favoriser la recherche de solutions et saura se montrer attentif aux besoins des autres.
- **Influence** : l'influence s'avère être d'une grande utilité lorsqu'il s'agit de tenir un discours persuasif face à son équipe.
- **Travail en équipe** : être capable de motiver ses coéquipiers et de travailler en commun sur un même objectif.

travail en équipe.

L'INTELLIGENCE ÉMOTIONNELLE AU SEIN DE L'ENTREPRISE

On l'a dit : un quotient émotionnel élevé constitue un atout indéniable dans le cadre professionnel. C'est grâce à cela que l'employé pourra trouver plus aisément sa place au sein de son équipe et de l'entreprise, mais également gravir plus facilement les échelons hiérarchiques.

Dans *L'intelligence émotionnelle au travail*, Daniel Goleman relevait que le quotient émotionnel aurait un impact sur le marché de l'emploi du futur car certaines compétences deviendraient indispensables, comme « avoir la capacité de rebondir, être doté d'esprit d'initiative et d'adaptabilité ».

En 2012, le neurobiologiste américain Jaak Panksepp (né en 1943) établit un lien entre plusieurs émotions et la motivation au travail. Selon lui, lorsqu'on franchit un certain seuil, on passe d'un « état motivationnel » à une émotion forte, selon l'intensité du stimulus. Le neurobiologiste définit quatre grandes émotions qui influencent directement notre motivation au travail. Elles agissent « sur la créativité individuelle et le désir d'exploration ».

- Le désir entraîne la joie et donc la créativité, l'envie de découvrir et d'avancer.
- La détresse provoque la tristesse, ce qui implique un risque de perte de contact social.
- La colère suscite l'agressivité qui, bien canalisée, peut être utile pour la défense ou l'avancement d'un projet.
- La peur déclenche la fuite et découle sur l'immobilité, un comportement passif et une résistance.

<u>À ÉVITER</u>

Dans certaines situations, la colère est difficilement maîtrisable. Nos émotions négatives s'accumulent et se bousculent jusqu'à l'explosion. Dans ces cas-là, mieux vaut éviter tout dialogue tant écrit qu'oral. Sortez pour décompresser durant une vingtaine de minutes (le corps et le cerveau ont besoin de vingt minutes pour se calmer) avant d'entamer tout nouveau dialogue,

le but étant de faire retomber toute cette
tension émotionnelle.

TOP CONSEILS

- Apprenez à reconnaître vos forces et vos faiblesses. Si vous connaissez vos forces, vous pourrez plus facilement vous appuyer sur celles-ci. De même, si vous connaissez vos faiblesses, il vous sera plus aisé de déterminer vos limites.
- Osez. Plus vous osez, plus vous prendrez confiance en vous et serez à même de repousser vos limites. C'est en allant vers l'inconnu que vous obtiendrez de meilleurs résultats.
- Apprenez à reconnaître chez vous les signes avant-coureurs d'un débordement de colère, d'une crise d'angoisse ou de toute autre situation qui génère des tensions. Plus vite vous détecterez les signes qui déclenchent vos tensions, plus vous pourrez rester maître de vous.
- Gardez une grande ouverture d'esprit. Plus vous serez ouverts vers les autres, plus vous serez capables d'empathie.
- Privilégiez le dialogue. Une communication optimale vous fera éviter bien des conflits. L'autre se sentant écouté, il se montrera plus enclin à

négocier en cas de situation conflictuelle.

- Tirez les leçons du passé. Acceptez vos responsabilités et apprenez à reconnaître vos erreurs. Cela vous permettra de vous montrer plus ouvert et de mieux vous connaître.

« J'ai appris de mes erreurs passées. Aujourd'hui, quand il y a un problème, je ne m'exprime jamais au moment même. Je sais que je ne gère pas très bien ma colère et mon énervement, donc je préfère attendre que ces émotions-là redescendent afin de pouvoir parler du problème calmement par la suite. »
Rachel, assistante administrative dans une ASBL

- Faites preuve d'optimisme. Il est plus facile d'entrevoir des solutions et de voir ce qu'il y a de meilleur chez l'autre (et chez soi-même) quand on est optimiste.
- Soyez extraverti. Plus vous serez tourné vers l'extérieur, plus vous aurez la possibilité d'influencer les autres de manière positive.
- Apprenez à reconnaître ce qui fait votre valeur. Listez vos compétences, vos contacts, vos projets accomplis. Prendre conscience de votre valeur boostera votre estime de vous.
- Détendez-vous. Plus vous serez calme, plus votre interlocuteur sera ouvert à la discussion. Être apaisé éloigne le stress et atténue donc les risques de débordement émotionnel.

> « Professionnellement, j'avais beaucoup de difficultés dans le passé, car j'ai privilégié des ennuis familiaux au profit de ma vie professionnelle. Je n'étais pas dans une bonne période de ma vie et je n'avais d'ailleurs pas une très haute opinion de moi ; je me laissais beaucoup influencer par les critiques de mon entourage. Depuis j'ai changé, je me sens mieux et, aujourd'hui, j'ai confiance en moi. J'ai eu plusieurs propositions d'emploi et j'ai trouvé une place là où cela me semblait impossible à l'époque. Parce qu'ils me sentent plus confiante, les gens ont l'air d'avoir aussi envie de

me faire confiance. »
Miya, employée polyvalente dans le secteur de
l'hôtellerie

FAQ

QUEL IMPACT LE STRESS PEUT-IL AVOIR SUR MES ÉMOTIONS ET COMMENT LE GÉRER ?

Lorsqu'on est stressé, nous envoyons des signaux de stress à notre entourage qui s'en imprègne également à leur tour. D'une situation anodine, nous passons à une situation tendue et peu confortable. Le stress consomme en outre énormément d'énergie, ce qui nous déforce lors des moments réellement difficiles. Il nous empêche aussi de maîtriser nos émotions : une situation tendue débouche alors plus facilement sur un débordement de nos émotions et multiplie le risque de conflit.

TECHNIQUES DE RELAXATION AU BUREAU

Il existe plusieurs techniques de relaxation que l'on peut pratiquer sur son lieu de travail afin de mieux gérer son stress.

- Si vous sentez le stress monter, faites une

promenade, quittez votre bureau et faites une pause.

- Un geste simple que l'on oublie souvent de faire sur son lieu de travail : boire de l'eau. Le stress et la déshydratation sont étroitement liés !
- Se concentrer sur sa respiration aide à éliminer la tension. Inspirez profondément et expirez lentement en gonflant le ventre, votre cœur se calmera tout de suite et votre système nerveux s'apaisera petit à petit.
- Étirez-vous, étirez vos jambes, vos bras, faites quelques cercles avec votre tête.
- Surveillez l'état de fatigue de vos yeux. Ils ne sont en effet pas conçus pour rester plusieurs heures devant un écran d'ordinateur, aussi est-ce essentiel de les reposer autant que possible. Pour ce faire, deux techniques : fermez vos yeux et placez vos mains sur vos paupières closes. L'obscurité et la chaleur leur permettront de se ressourcer rapidement. La deuxième technique consiste à dessiner avec vos yeux le signe de l'infini plusieurs fois de suite.

POURQUOI L'EMPATHIE EST-ELLE L'UN DES ÉLÉMENTS ESSENTIELS AU DÉVELOPPEMENT DU QE ?

L'empathie permet d'être à l'écoute des autres pour mieux les comprendre et ainsi mieux anticiper leurs réactions. En étant empathique, on développe également son ouverture d'esprit et son assertivité. Plus on est empathique, moins on est centré sur nous-mêmes, ce qui permet d'installer un meilleur dialogue avec les autres.

QUELLES SONT LES COMPÉTENCES QUI ME PERMETTRONT D'ÉVOLUER AU SEIN DE L'ENTREPRISE ?

Dans ses recherches, Daniel Goleman a relevé quatre compétences déterminantes pour la réussite professionnelle : la confiance en soi, la faculté de s'adapter et de rebondir, l'esprit d'initiative et la capacité à coopérer avec les autres. Ces aptitudes sont essentielles pour évoluer sur le marché de l'emploi aujourd'hui. Pour le neuro-biologiste Jaak Panksepp, c'est principalement le désir qui entraîne la créativité et la motivation tant sollicitées dans le monde professionnel.

COMMENT TIRER PARTI D'UNE ÉMO-TION FORTE COMME LA COLÈRE ?

Une émotion puissante draine un grand potentiel d'action. Mais pour agir sous le coup d'une forte émotion, il faut être conscient de cette dernière et la contrôler. Ainsi, la colère peut avoir un effet dévastateur au travail ; pourtant, si elle est bien canalisée, elle peut se transformer en agressivité productive : grâce à cette hargne, il sera parfois plus facile de défendre un projet ou de se lancer dans une tâche difficile.

COMMENT ÉMETTRE UNE CRITIQUE CONSTRUCTIVE SUR LE TRAVAIL D'UN COLLABORATEUR ?

La meilleure manière d'émettre une critique constructive est d'adopter un comportement as-sertif et empathique : considérez les émotions de la personne en face de vous, ainsi que les vôtres. En se mettant à la place de l'autre, il est plus facile d'avoir un discours honnête et de mieux faire passer son message.

Concrètement, la bonne astuce pour critiquer sans agresser consiste à formuler ses phrases en commençant par « je », non par « tu ». « Je voudrais avoir ton attention » plutôt que « Tu n'écoutes pas ! » par exemple. Vous exprimez ainsi votre point de vue sans avoir l'air d'énoncer un jugement sur l'autre. Cette formulation permet également de garder le dialogue ouvert : l'autre a la possibilité de répondre à votre ressenti et d'exprimer sa propre vision des choses. Il ne se sentira pas mis en cause, tout en comprenant qu'il peut mieux faire.

COMMENT UTILISER MES ÉMOTIONS POUR M'AUTO-MOTIVER ?

Quatre émotions principales ont une influence, positive ou négative, sur la motivation, et donc sur l'action : le désir, la détresse, la colère et la peur. Pour s'auto-motiver face à une tâche rébarbative, il s'agit donc de jouer avec ces émotions, d'essayer de ressentir de manière contrôlée celle qui nous permettra d'avancer.

C'est généralement le désir, sensation positive, qui est le plus à même de fournir l'énergie nécessaire à la réalisation d'un travail peu motivant. Tentez de trouver dans ce dernier un élément susceptible de générer du désir : désir de bien faire, désir de relever un défi, désir de mettre cela derrière soi, etc.

La détresse, la colère et la peur peuvent également se révéler des incitants efficaces dans certaines situations. Si, par exemple, l'injustice vous révolte, mais que vous n'avez jamais agi pour changer les choses, malgré votre volonté de le faire, vous pouvez essayer de vous focaliser sur la colère que vous inspire cette situation afin de vous pousser à passer à l'action ; vous pouvez instrumentaliser votre peur pour vous lancer dans un autre projet, qui vous effraie moins mais qui constitue tout de même un challenge ; vous pouvez transformer votre détresse en un moyen de rassembler les gens autour de vous pour atteindre ensemble un but commun ; etc.

Le tout est d'être conscient de ses émotions et capable de les utiliser à bon escient.

À VOUS DE JOUER !

APPRENDRE À MIEUX VOUS CONNAÎTRE

- Commencez par vous poser les bonnes questions. À la fin de la journée, analysez vos actions : « Pourquoi ai-je agi de telle manière ? », « Qu'est-ce qui a provoqué ce conflit en réunion ? », « Me suis-je mal exprimé ? », « Mon attitude était-elle fermée ? », « Ai-je inconsciemment envoyé des signaux négatifs ? », etc.
- Évaluez-vous à la fin de chaque semaine, énumérez vos points faibles et vos points forts de la semaine dans un carnet pour prendre du recul et vous permettre de constater quelles sont vos limites, vos motivations et vos lacunes. Relisez régulièrement vos notes, cela vous aidera à constater une éventuelle amélioration et à prendre confiance en vous.

APPRENDRE À MIEUX CONNAÎTRE LES AUTRES

- Testez votre interprétation de l'autre en regardant la télévision sans le son et en essayant de deviner ce que chacun raconte de par sa gestuelle et son attitude.
- Tenez un carnet de mémorisation sur votre entourage professionnel. Se demander chaque soir comment étaient habillés vos collègues, s'ils souriaient, ce qu'ils vous ont dit, etc. Cela vous permettra d'être meilleur observateur et d'avoir une meilleure connaissance de l'autre.
- Forcez-vous à aller vers l'autre. Vous ne connaissez pas bien le réceptionniste ? Allez le voir cinq minutes par jour, demandez-lui comment il va, tentez d'en apprendre plus sur lui.
- Choisissez un proche qui vit une situation difficile et imaginez-vous à sa place. Comment auriez-vous réagi si vous étiez dans la même situation ? Pourquoi votre ami a-t-il réagi de telle manière ? Qu'a-t-il pu ressentir ?

CONTRÔLER SES ÉMOTIONS

- Boostez votre confiance en vous en prenant le temps de bien vous habiller. Quelques éléments pour une garde-robe classe et adaptée à votre métier vous aideront à obtenir une plus haute estime de vous-même.

- Pratiquez la relaxation. En étant plus serein, vous développerez une meilleure communication non verbale. Vous n'enverrez pas de signaux de stress à l'autre. Et si la relaxation ou le yoga ne sont pas pour vous, pratiquez un sport.

L'EXERCICE DE BENSON

Cette technique, mise en place par Herbert Benson, un professeur de l'université de Harvard, consiste à se détendre en dix minutes. Choisissez un mot qui a une connotation positive pour vous (beau, amour, soleil, etc.) ; sélectionnez ensuite une image qui vous parle (une plage, des champs, etc.) ; à présent, fermez les yeux, relâchez-vous, respirez lentement par le ventre et prononcez dans votre tête le mot choisi au moment de l'expiration tout en visualisant l'image que vous avez sélectionnée.

- Pour développer votre optimisme, commencez par apprécier vos qualités et celles des autres. Apprenez à voir le bon côté des choses, même les situations plus difficiles. Apprenez à rire de vos galères.
- Travaillez sur vos émotions négatives en les anticipant.

- Lors d'un échange conflictuel, ne laissez pas parler vos émotions. Gagnez du temps en demandant à votre interlocuteur de reformuler, écoutez-le attentivement et tentez de comprendre ce qu'il attend de vous. Cela vous permettra de faire taire vos émotions et de laisser parler votre raison.

POUR ALLER PLUS LOIN

SOURCES BIBLIOGRAPHIQUES

- DEMARQUET (Frédéric), « L'intelligence émotionnelle », in *fredericdemarquet.com*, consulté le 20 mai 2015.
  http://www.fredericdemarquet.com/sites/default/files/support_lintelligence_emotionnelle.pdf

- FAUCONNIER (Flore), « Le quotient émotionnel : passeport pour la réussite », in *Journal du net*, consulté le 5 mai 2015.
  http://www.journaldunet.com/management/0706/quotient-emotionnel/2.shtml

- GARDNER (Howard), *Frames of Mind: the Theory of Multiple Intelligence*, New York, Basic Books, 1983.

- GOLEMAN (Daniel), *L'intelligence émotionnelle*, New York, Bantam Books, 1996.

- GOLEMAN (Daniel), *L'intelligence émotionnelle au travail*, New York, Bantam Books, 1998.

- GUÉRET (Cécile), « Cultivez votre intelligence émotionnelle », in *Psychologies.com*, consulté le 5 mai 2015.
  http://www.psychologies.com/Moi/Se-connaitre/Personnalite/Articles-et-Dossiers/

Comment-developper-votre-intuition/
Cultivez-votre-intelligence-emotionnelle

- MAYER (John D.), FORGAS (Joseph P.) et CIARROCHI (Joseph), *Emotional Intelligence in Everyday Life: A Scientific Inquiry*, New York, Taylor & Francis, 1997.

- PANKSEPP (Jaak) et BIVEN (Lucy), *The Archaeology of Mind: Neuroevolutionary Origins of Human Emotion*, New York, W. W. Norton & Company, 2012.

- « Qu'est-ce que l'Intelligence émotionnelle au travail », in *Direction-Performance*, consulté le 20 mai 2015.
http://direction-performance.be/cest-quoi/quest-ce-que-lintelligence-emotionnelle-au-travail/

- RHEE (Kenneth) et WHITE (Rebecca), *Journal of Small Business & Entrepreneurship*, Vol. 20, Issue 4, 2007.
http://www.freepatentsonline.com/article/Journal-Small-Business-Entrepreneurship/204986722.html

- ROUSSEL (Danielle), « Gestion du stress : Gérer et prévenir le stress au travail », in *IRCAR Formation*, consulté le 10 mai 2015.
http://www.ircar-formation.com/medias/files/les-gestes-simples-pour-recuperer-en-5-minutes-1.pdf

ISBN ebook : 978-2-8062-6448-0
ISBN papier : 978-2-8062-6449-7
Dépôt légal : D/2015/12603/204
Photo de couverture : © freshidea – Fotolia.com

Conception numérique : Primento,
le partenaire numérique des éditeurs